Carl XVI Gustaf

SVERIGES KONUNG

BILD: CHARLES HAMMARSTEN
TEXT: ELISABETH TARRAS-WAHLBERG

NORSTEDTS

© 1996 NORSTEDTS FÖRLAG, STOCKHOLM
TEXT: ELISABETH TARRAS-WAHLBERG OCH HERMAN LINDQVIST
BILD: CHARLES HAMMARSTEN
(DANA PHOTOPRESS SID 163;
HANS HAMMARSKÖLD SID 2;
KUNGL. HUSGERÅDSKAMMAREN SID 25, FOTO: K-E GRANATH;
PRESSENS BILD SID 32 ÖVERST, 58, 84, 90, 100-101, 108)
GRAFISK FORMGIVNING: BJÖRN BERGSTRÖM
TEXTEN ÄR SATT MED PERPETUA
INLAGANS PAPPER: 150 GRAM MULTI ART SILK
REPRO ARBETE: OFFSET-KOPIO
BOKBINDERI: SAMBOK, STOCKHOLM
TRYCKERI: FÄLTHS TRYCKERI, VÄRNAMO 1996
ISBN 91-1-960052-6

Herman Lindqvist
EN MONARKI I TIDEN

DÅ HAN FYLLER femtio år den 30 april 1996, har han redan regerat nästan tjugotre år, lika länge som farfar Gustaf VI Adolf. Då kronprinsen Carl Gustaf svor kungaeden den 19 september 1973 var han bara tjugosju år, den yngste kung vi haft på nära två hundra år.

Han blev faderlös innan han fyllt ett år. Han var den förste kronprins som gått igenom den normala svenska skolan och tagit en vanlig student-examen.

Han är den förste regenten på fyra hundra år, sedan Erik XIV, som gifter sig med en icke-kunglig, icke-adlig kvinna.

Han har varit regent under en tid av stora förändringar i samhället och för monarkin. Han svor sin kungaed enligt 1809 års regeringsform. Enligt den var kungen regeringens nominelle chef, det vill säga han var ordföran-de då regeringen möttes i konselj på Stockholms slott och fattade formella regeringsbeslut. Han undertecknade alla nya lagar och viktigare statshand-lingar. Han var högste befälhavare över försvarsmakten. Han öppnade sin första riksdag och höll sitt första trontal enligt den gamla formen, iklädd amiralsuniform med alla svenska ordnar, på tronen i Rikssalen på Stock-holms slott med riksregalierna intill sig och med Karl XI:s drabanter klam-pande genom salen.

Två år senare fick vi en ny författning. Den inleds med orden "All offent-lig makt i Sverige utgår från folket" och enligt den har kungen inte längre direkt kontakt med regeringsbesluten, men statsministern är tvungen att hålla kungen underrättad om statsangelägenheterna. Det sker ungefär en gång i kvartalet i en informationskonselj på slottet. Kungen är fortfarande statschef men riksdagarna öppnas mindre glamoröst. Kungen infinner sig i kostym i riksdagshuset och på talmannens begäran förklarar han riksmötet öppnat och i stället för trontal läser statsministern sin regeringsförklaring. Vid regeringskris är det numera riksdagens talman som ska utse ny rege-ringsbildare och statshandlingarna undertecknas av den beslutade minis-tern. Kungen är inte längre överbefälhavare över rikets krigsmakt. Där-emot är han fortfarande ordförande vid utrikesnämndens sammanträden.

Enligt vår nuvarande författning kan kungen och hans familj ställas till svars för brottsliga handlingar eftersom man tog bort paragrafen som inne-bar att "hans gärningar vare mot allt åtal fredade". Samtidigt blev kungen och hela kungafamiljen skyldiga att deklarera sina inkomster och att betala skatt som alla andra svenska medborgare.

Erik XIV (1560 – 68).
Målning av S. van der Meulen.
Statens konstmuseer.

Johan III (1568 – 92).
Målning av J. B. van Uther.
Statens konstmuseer.

Gustav Vasa (1523 – 60).
Målning av Willem Boy. Statens konstmuseer.

Sigismund (1592 – 99).
Målning från Rubens atelié.
Statens konstmuseer.

Karl IX (1599 – 1611).
Okänd konstnär. Statens konstmuseer.

Samtidigt som kungen alltså förlorat det mesta av sin makt och sina sista privilegier och kungarollen blivit alltmer ceremoniell och representativ, har den massmediala bevakningen av den kungliga familjen ökat och tagit proportioner som var otänkbara på "gamle" kungens tid.

En positiv följd av det demokratiska samhället är att den svenska kungafamiljen är mer tillgänglig för folket än de flesta andra kungahus i världen och bara i Sverige är alla kungliga slott med deras samlingar öppna för allmänheten. Det svenska kungahuset har på detta sätt verkligen blivit en monarki i tiden.

Den svenska tronen är en av de äldsta i världen. I över tusen år, sedan Erik Segersälls dagar på 900-talet, har historiskt belagda kungar, drottningar och riksföreståndare styrt över det oftast fogliga svenska folket. I motsats till gamla monarkier som den engelska eller den spanska så har den svenska aldrig varit avskaffad. Monarkin bestod även då riksföreståndare regerade. Sverige har aldrig varit republik.

Det är också historiskt belagt att svearna och götarna före Erik Segersäll alltid styrts av hövdingar, ibland med större makt än andra och att det därför torde finnas en kungalängd som kan gå upp till tre tusen år tillbaka i tiden. Dessvärre vet man, med få undantag, mycket lite om dessa regenter, vars liv utspelades i den förkristna tidens dunkel.

Den siste svenske katolske ärkebiskopen, Johannes Magnus, skrev på 1500-talet sin Historia de omnibus gothorum sveonumque regibus, med en komplett regentlängd alltifrån syndaflodens dagar. Johannes Magnus påstår att Noaks sonson, Magog, år 88 efter syndafloden, anlände till den då uppenbarligen ganska beboeliga svenska kusten, varför han kunde stiga i land och grunda vår första dynasti. Enligt Johannes Magnus blev Sverige sedan goternas urhem.

De många luckorna mellan Magog och medeltidens regenter fyllde ärkebiskopen själv i efter livligt bläddrande i Bibeln, i romerska skrifter, i medeltida krönikor och isländska sagor. Ibland tog den gode biskopen hjälp av sin egen fantasi. Därför kan man i hans historia hitta svenska regenter och märkliga härförare med inte särskilt svenskklingande namn som Sibdagerus eller Hothebrotus.

Med hjälp av isländska sagor och andra ytterst dunkla skrifter kunde andra vittra herrar på 1600-talet påstå att guden Oden invandrade till Sverige kring år 100 f. Kr. för övrigt från trakten av dagens Turkiet. Fast innan han blev Oden hette han Sigge Fridulfsson och var kung över svearna.

Det var genom Johannes Magnus kungalängd våra regenter fick sina ordningsnummer. Erik XIV kallade sig så, eftersom han i stolt patriotisk anda andaktsfullt bläddrade i Johannes Magnus skrifter och själv kunde räkna tretton kung Erik före sig själv. Samma sak med kungarna Karl. Gustav Vasas yngste son, hertig Karl, tog sig nummer nio, trots att han, enligt dagens mer nyktra historiska forskning, som stryker cirka nittio procent av Johannes Magnus fantasier, egentligen borde vara nummer tre. Carl XVI

Gustav II Adolf (1611 – 32). Okänd konstnär. Statens konstmuseer.

Kristina (1632 – 54).
Målning av David Beck.
Statens konstmuseer.

Karl X Gustav (1654 – 60).
Målning av Sébastien Bourdon.
Statens konstmuseer.

Karl XI (1660 – 97).
Målning av David Klöcker Ehrenstrahl.
Statens konstmuseer.

Karl XII (1697 – 1718). Målning av David von Krafft efter J. D. Swartz. Statens konstmuseer.

9

Gustaf är därför, historiskt sett, egentligen Carl IX Gustaf.

Det finns ändå ingen anledning att ändra på detta idag, eftersom den kungliga ordningsföljd vi räknat med sedan 1500-talet, är ytterligare ett tecken på hur lång och gammal vår nuvarande historia är, hur nutid är sammanflätad med forntid, hur verklighet och saga flyter samman.

Carl XVI Gustaf är Sveriges sextionionde, historiskt bekräftade regent sedan Erik Segersäll. Det är ett imponerande galleri som träder fram i denna rad av kungar med lysande namn som Gustav III och krigarkungarna Gustav II Adolf, Karl X Gustaf och Karl XII. Där finns intellektuella och boksynta regenter som drottning Kristina och Johan III. Statsbyggare och organisatörer som Gustav Vasa och Karl XI. Där finns också kungar vi inte vet så mycket mer om än att de styrde över Sverige: herrar som till exempel Håkan Röde eller Emund Gamle, även kallad den "slemme". Många av de äldre regenterna fick ett våldsamt slut. De stupade i strid eller avsattes med bryska metoder. Få dog sotdöden hemma.

Några av de äldsta kungarna bland dessa sextionio regenter offrade till Tor och Oden. Över fyrtio var, liksom Gustav Vasa, födda katoliker. Bara tjugotre av våra sextionio regenter har varit protestanter. Fredrik I var reformert fram till dagarna innan sin kröning. Marskalk Bernadotte var naturligtvis katolik då han erbjöds den svenska kronan. Idag råder religionsfrihet även inom den kungliga familjen, varför teoretiskt sett, kronprinsessan Victoria som varje annan svensk kan bli muslim eller buddist, om hon nu skulle vilja det.

De svenska kungarna har kommit ur elva dynastier. Från Gustav Vasas dagar har vi haft fem olika ätter på Sveriges tron: Vasa, Pfalz, Hessen, Holstein-Gottorp och nu Bernadotte.

Bernadotterna har regerat längst, 178 år.

Då den franske marskalken Jean Baptiste Bernadotte valdes till svensk tronarvinge år 1810, betraktades han som en uppkomling av de gamla furstehusen och i synnerhet av den kungafamilj som redan fanns på Stockholms slott, ledd av den då sextioettårige, sjuklige och barnlöse Karl XIII av huset Holstein-Gottorp. Hans drottning Hedvig Elisabeth Charlotta, skrev i sin dagbok:

"För kungen gällde det att övervinna från barndomen fast rotade fördomar, att avstå från att vara omgiven av en familj av furstlig börd, att underkasta sig, se sin släkt för alltid avlägsnad från tronen och att bestämma sig för en främling; en fransk general vilken man varken kände till karaktär eller åsikter, som kanske skulle vara högfärdig och övermodig liksom nästan alla uppkomlingar brukar vara."

De första dagarna måste ha varit svåra för både Bernadotte och den bördsstolte Karl XIII. Det första mötet beskriver drottningen så här: "Vid inträdet hos kungen föreföll kronprinsen spänd, otillgänglig och rentav förlägen men återvann snart sitt naturliga lediga sätt och hans uppträdande var

Ulrika Eleonora (1718 – 20).
Målning av Martin van Meytens d.y.
Statens konstmuseer.

Fredrik I (1720 – 51).
Målning av Martin van Meytens d.y.
Statens konstmuseer.

Adolf Fredrik (1751 – 71).
Målning av Jakob Björk efter pastell av Gustaf Lundberg.
Kungl. Husgerådskammaren.

Gustav III (1771 – 92). Målning av Alexander Roslin. Statens konstmuseer.

Gustav IV Adolf (1792 – 1809).
Okänd konstnär.
Kungl. Husgerådskammaren.

Karl XIII (1809 – 18).
Målning av C.V. Nordgren.
Kungl. Husgerådskammaren.
Foto Håkan Lind.

Karl XIV Johan (1818 – 44). Målning av François Gérard. Kungl. Husgerådskammaren. Foto Alexis Daflos.

Oscar I (1844 – 59).
Målning av Fredrik Westin. Kungl. Hus-
gerådskammaren. Foto Håkan Lind.

Karl XV (1859 – 72).
Målning av Carl Fredrik Kiörboe.
Kungl. Husgerådskammaren.
Foto Alexis Daflos.

Oscar II (1872 – 1907).
Målning av Anders Zorn.
Kungl. Husgerådskammaren.

GustafV (1907 – 50).
Målning av P. de Laszlo. Kungl. Hus-
gerådskammaren. Foto Alexis Laszlo.

Gustaf VI Adolf (1950 – 73).
Målning av Carl Gunne. Kungl. Hus-
gerådskammaren. Foto Håkan Lind.

det noblaste som tänkas kan." Isen smalt snabbt. Gascognaren Bernadotte
charmade alla. Efter mötet sa han till sin omgivning: "Jag har haft större
tur än jag vågat hoppats. Jag har spelat ett högt spel men jag tror jag har
vunnit." Han vann.

Drottningen skrev så här efter en kort tid: "Kronprinsen ser mycket bra
ut, är lång, väl växt och har så ädel och majestätisk hållning, att han ser ut
att vara född till sin nuvarande ställning. Han har svart hår, sydländsk hy
och vackra mörka ögon. De äro mycket uttrycksfulla och återspegla varje
skiftning i hans känslor, framförallt hans hjärtegodhet. Han kan se sträng
ut, när så erfordras, men eljest är hans uppsyn mild och vänlig. Han är
utsökt artig, har lätt för att tala, ja han är t o m vältalare. När han avger ett
omdöme märkes tydligt, att hos honom stränghet alltid förenas med rätt-
visa. Ingen som ser kronprinsen kan ana, att han ej är av furstlig börd.
…Aldrig ett ögonblick tänker man på hans härkomst. Han är i varje tum
en prins."

I dag finns det ingen dynasti i något land i Europa, ja inte i hela världen,
där samma gren av samma familj, suttit på tronen lika länge utan avbrott,
där regenten aldrig jagats i exil av inrikes eller utrikespolitiska kriser, utan
där ätten kunnat fortsätta att styra över ett fritt folk och självständigt rike i
snart två hundra år.

Carl XVI Gustaf är den sjunde monarken av huset Bernadotte. Marskal-
ken Jean Baptiste Bernadotte och hans hustru Desirée Clary var födda utan
ett uns kungligt eller ens adligt blod. Carl XVI Gustaf däremot är, genom
sju generationer Bernadotte-äktenskap med europeiska dynastier, släkt
med alla regerande och de flesta avsatta kungafamiljer i Europa, inklusive
kejsare Napoleons ätt och de ryska tsarerna, ja ända ner till Vilhelm
Erövraren av England.

Framför allt finns det trådar från kung Carl Gustaf tillbaka till Sveriges äld-

sta historia, trådar som flätar in Bernadotte djupt ner i den svenska historien.

Carl XVI Gustaf är genom sin farfarsmor, Viktoria av Baden, släkt med Gustav Vasa, med Karl XII och Gustav III, trots att de allihopa tillhörde olika dynastier. Vår kung är Gustav Vasas sondotterdottersondottersonson-sondottersondottersonsonson, fjorton led tillbaka. Genom släktskapet med huset Vasa går banden vidare långt ner i svensk medeltid.

För den som är road av svindlande genealogiska färder av denna typ genom dynastiernas och adelssläkternas ättartavlor är det inte svårt att följa vägen från Carl XVI Gustaf till exempelvis Sten Sture d.ä., ja ända ner till Birger Jarl eller Heliga Birgittas syster Katarina Birgersdotter (via Gustav Vasas farfarsmor) eller genom tyska furstehus till Olof Skötkonung! Allting finns i arkiven.

← Släktträdet över den Bernadotteska ätten är målat av konstnären Göte Göransson. Målningen gjordes till utställningen "Bernadotter i politik och kulturliv" på Läckö slott 1991. Foto Astrid Bergman Sucksdorff.

Fyra generationer Bernadotte: Gustaf V, kronprins Gustaf Adolf, prins Gustaf Adolf och prins Carl Gustaf.

Konung Gustaf VI Adolf, 90 år gammal, med Kronprins Carl Gustaf, 1972. →

KONUNG CARL XVI GUSTAF

DEN 15 SEPTEMBER 1973 blev Carl XVI Gustaf Sveriges Konung. Hans farfar, kung Gustaf VI Adolf, avled denna dag, efter en tids sjukdom på Helsingborgs lasarett. Efter att under lång tid ha haft Europas äldste monark fick Sverige nu den yngste.

Carl XVI Gustaf var endast 27 år gammal när han tillträdde Sveriges tron. Han kände en naturlig oro och osäkerhet inför den stora uppgiften och de förväntningar, som han visste ställdes på honom från svenska folket. Hans farfar hade varit populär, aktad och respekterad för sin klokhet och sina kulturella intressen och kunskaper.

Gustaf VI Adolf hade ett långt liv bakom sig när han blev kung. 1950, när Gustaf V avled, var dåvarande Kronprinsen redan 68 år. Han hade hunnit med att skaffa sig en säker plattform att verka från, i både det offentliga och privata livet.

Denna förmån kom aldrig Carl XVI Gustaf till del. Hans far, Prins Gustaf Adolf, Gustaf VI Adolfs äldste son som var tronföljare, hade ryckts bort i en flygolycka i Köpenhamn 1947. Därmed hoppades en generation över i tronföljden. Carl XVI Gustaf hann aldrig fullfölja sin utbildning, än mindre pröva sina kunskaper i praktiskt arbete, innan han blev kung.

Kung Carl Gustaf pekar på det faktum att han aldrig fick tid till en ordentlig utbildning som en brist. Inte minst när det gäller de egna barnens framtid framhåller Kungen värdet av att de får möjlighet att utbilda sig till ett yrke, praktiskt eller teoretiskt, vid sidan av den fördjupade inblick i det svenska och internationella samhällets uppbyggnad och funktion som krävs av en tronföljare, prins eller prinsessa.

Vid sidan av den militära utbildning i de olika vapenslagen, med tonvikt på marinen, som Kungen som kronprins genomgick efter avlagd studentexamen vid Sigtuna Humanistiska Läroverk 1966, följde han också ett särskilt studieprogram inför den kommande uppgiften som Sveriges statschef. Detta omfattade bl a akademiska kurser i historia, sociologi, statskunskap, finansrätt och ekonomi vid universitetet i Uppsala samt nationalekonomi vid Stockholms universitet. Han gjorde också en rad studiebesök, bl a vid industrier, statliga och kommunala myndigheter, skolor och laboratorier, samt studerade svenskt domstolsväsende, sociala organisationer och institutioner, fackföreningar och arbetsgivarföreningar. Särskild tonvikt lades vid regeringens och riksdagens verksamhet. För att skaffa sig utlandserfarenhet deltog Kronprinsen i arbetet vid Sveriges ständiga representation vid FN i New York samt SIDA i Afrika. Han tillbringade en längre tid vid Hambro's Bank, Svenska Ambassaden och Handelskammaren i London samt vid Alfa Lavals fabriker i Nevers i Frankrike. Detta syftade till att ge Sveriges blivande statschef en god och grundlig inblick i hur det svenska samhället är uppbyggt och fungerar, i sig självt och i kontakten med omvärlden.

Uppdragen hann emellertid inte bli så många innan det var dags för Kronprinsen att överta det fulla ansvaret som Sveriges Konung, landets statschef och främste symbol. Jublet från Lejonbacken från folkmassorna som mött upp den 19 september 1973 för att betyga den nye monarken sitt stöd, gav Kung Carl XVI Gustaf styrka och hopp i en svår stund. Den 27-årige Kungen påbörjade sitt livsverk efter mottot han själv formulerat, "För Sverige – i tiden", i stark medvind.

Konungaförsäkran inför
regeringen i Konseljsalen
och trontal i Rikssalen
den 19 september 1973.

Kung Carl XVI Gustaf hyllas efter tronskiftet av en stor folkskara, som samlats utanför Slottet, nedanför Lejonbacken och på Norrbro.

TRONTALET

STÅENDE FRAMFÖR SILVERTRONEN yttrade Konungen följande:

I den konselj, som nyss hållits, har jag som första regeringshandling utfärdat följande kungörelse till Sveriges folk:

"Vi Carl Gustaf, Sveriges konung, ger till känna följande:

Ett hårt slag har drabbat fosterlandet. Sveriges, Götes och Vendes Konung, Gustaf VI Adolf, har avlidit den 15 september 1973 kl. 20.35. Sveriges folk känner djup sorg över hans bortgång.

En sällsynt andlig resning kännetecknade Konung Gustaf VI Adolf både som människa och statsöverhuvud. Med okuvlig pliktuppfyllelse och levande förståelse för tidens strömningar har han med taktfull fasthet fyllt sin konungsliga gärning under en nära 23-årig regeringstid.

Den betydelsefulla nyorienteringen av vårt samhälle, liksom Sveriges ökade gemenskap med omvärlden, har av Gustaf VI Adolf mötts med stor förståelse. Hans betydelsefulla kulturella insatser på en mängd områden har i hög grad gagnat vårt land. Gustaf VI Adolf har blivit en förebild för en konung i ett demokratiskt samhälle. Han har omfattats med vördnad och tillgivenhet av alla svenskar och hans gärningar har följts med beundran och tacksamhet.

Det rum den hädangångne lämnar har Vi nu intagit. Sålunda har Vi enligt gällande grundlagar tillträtt rikets styrelse som Sveriges Konung."

Genom Konung Gustaf VI Adolfs kloka, plikttrogna och framsynta medverkan i vårt lands utveckling och hans mänskliga värme blev han en hela folkets kung. Den hjärtliga hyllning, som ägnades honom på hans 90-årsdag, var en manifestation av nationens uppskattning, som rörde honom djupt.

Genom sitt brinnande intresse för kulturen, särskilt vetenskap och konst, samt genom sitt personliga stöd till såväl konstnärer och vetenskapsmän som institutioner har Gustaf VI Adolf gjort insatser för kulturen, som kommer att bli bestående.

Hans gärningar och hans person har runt om i världen rönt en uppskattning som varit utomordentligt värdefull för vårt land. Han kände de andliga värdenas betydelse. Med vishet och människokännedom tillämpade han höga moraliska bud. Han tänkte alltid först på andra och sökte efterleva ordet: Det vi vill att andra skola göra mot oss, det skola vi ock göra mot dem. Han var en verkligt god människa.

Vi, hans närmaste, fick i hög grad del av hans mänskliga värme, vänlighet och omtanke. Efter min Faders, Prins Gustaf Adolf, tidiga bortgång blev min Farfar den naturliga medelpunkten och det aldrig sviktande stödet för min familj.

Vi svenskar sluter upp kring minnet av vår bortgångne vördade Konung och böjer i tacksamhet våra huvuden inför hans konungagärning.

Såsom mitt valspråk har jag beslutat antaga:

FÖR SVERIGE – I TIDEN

Starkt medveten om de stora och ansvarsfulla uppgifter, som nu i enlighet med Sveriges grundlagar lägges på mig, vill jag med detta valspråk ange, hur jag efter förmåga skall sträva att uppfylla de krav, som ställs på en monark i vår tid. Min beundrade och älskade Farfar blev en symbol för den moderna monarkin. Jag är fast besluten att följa hans goda föredöme.

Mitt valspråk har en vid syftning.

En gynnsam utveckling inom vårt land ökar även våra möjligheter att verka för den internationella gemenskapen.

Den tid, i vilken vi lever, är stadd i ständig förändring, vilket ställer krav på vår förmåga till anpassning. Förnyelse måste grunda sig på förståelse – ja, samförstånd – för att lända alla till gagn. Jag skall följa de olika åsiktsriktningarna i vårt samhälle medveten om behovet av kontinuerlig förnyelse för dess fortsatta utveckling. Av min Farfar har jag emellertid lärt, hur väsentligt det är att även ta tillvara vårt rika kulturarv och förmedla de erfarenheter, som äldre generationer har att ge.

Jag vill fördjupa mina kunskaper om samhället för att kunna bidraga till en samverkan mellan alla goda krafter för nationens utveckling. Grunden för utveckling ligger i ökade kunskaper, för att nå vårt mål fordras dessutom samarbete.

Jag vill att valspråket "FÖR SVERIGE – I TIDEN" skall uppfattas som en vädjan om samförstånd och utveckling för Sveriges väl. Samtidigt är det en personlig utfästelse.

Jag hälsar Er alla här närvarande och alla Er, som runt om i Sverige följer denna högtidlighet, liksom alla övriga svenskar – var Ni än befinner Er – med värme och tillgivenhet och uttalar förhoppningen att vi gemensamt skall utveckla vårt Sverige till gagn för alla dess invånare och att det måtte förunnas oss att bidra till att skapa en lyckligare värld för alla människor.

STATSCHEFENS KONSTITUTIONELLA UPPGIFTER

CARL XVI GUSTAF är Sveriges sjunde monark av dynastin Bernadotte, som år 1818 började regera Sverige. En av Kung Carl Gustafs första uppgifter efter trontillträdet blev att skriva under den nya regeringsformen, som bl a reglerade statschefens funktioner. Införandet av 1974 års regeringsform innebar att världens näst äldsta grundlag, från 1809, upphävdes.

När den nya grundlagen utformades rådde enighet om att monarkin skulle bibehållas som statsskick, om än i annan form än tidigare. De uppgifter, som enligt 1974 års regeringsform och riksdagsordning åligger Konungen, rikets statschef, är:

– att leda den särskilda konselj som sammanträder vid regeringsskifte, samt de regelbundna informationskonseljerna med regeringens ledamöter,

– att årligen öppna riksmötet,

– att vara ordförande i sammanträden med Utrikesnämnden, vars ledamöter utses av riksdagen för samråd med regeringen i utrikesfrågor,

– att vara främste representant för den svenska försvarsmakten och inneha försvarsgrenarnas högsta grader; Kungen är dessutom hederschef för vissa militära enheter,

– att i sin funktion som rikets främste representant i förhållande till andra länder ackreditera utländska ambassadörer i Sverige samt underteckna de svenska ambassadörernas kreditivbrev.

Under utlandsvistelser eller i händelse av långvarig sjukdom, fullgörs Kungens uppgifter av en tillfällig riksföreståndare. Som sådan fungerar, i första hand, en medlem av Kungahuset som fyllt 18 år och är arvsberättigad till tronen. Kronprinsessan Victoria står idag först i tur.

Efter att ha haft en agnatisk (manlig) tronföljd i Sverige sedan början av 1700-talet infördes en fullt kognatisk tronföljd från och med 1980. Genom denna tronföljdsordning – som Sverige var första land att införa – ärver det äldsta barnet, oavsett kön, rätten till tronen.

Anslag för statschefens verksamhet beslutas av riksdagen. Kungen är numera skattskyldig och i likhet med andra svenskar har han rösträtt – en rättighet som av tradition inte begagnas.

De svenska riksregalierna – kungakronan, svärdet, spiran, äpplet och nyckeln – är de främsta symbolerna för riket och monarken. De förvaras i Skattkammaren på Kungl. Slottet i Stockholm.

Skifteskonselj i Konseljsalen på Kungl. Slottet
hösten 1976. En ny regering har tillträtt.

Kungaparet bjuder statsminister Ingvar
Carlsson och hans regering på lunch efter
konseljen den 10 januari 1996.

Utländska ambassadörer över-
lämnar sina kreditivbrev till
Kungen i högtidliga audienser
på Kungl. Slottet. De körs till
Slottet av Hovstallet i Sjuglas-
vagnen från 1897 och förs där-
efter enligt ett traditionsfyllt
ceremoniel till Kungen, som
tar emot i Audiensrummet i
Bernadotte-våningen. Först
efter denna audiens kan ambas-
sadören börja verka i Sverige;
han är då ackrediterad.

Den tretungade flaggan används av Kungen och medlemmar av det Kungliga Huset. I ett vitt fält i den gula korsmitten finns stora eller lilla riksvapnet. Den kungliga flaggan hissas dagligen på Kungl. Slottet i Stockholm.

← Kungen tar emot Nederländernas nyanlände ambassadör i högtidlig audiens 1980.

Kungen öppnar riksmötet. Talmannen tar emot Kungaparet, Prins Bertil och
Prinsessan Lilian på trappan till Riksdagshuset.

STATSBESÖK I UTLANDET

KONUNGEN ÄR SVERIGES främste representant i kontakterna med andra länder. Av stor betydelse är de statsbesök som Kungen avlägger utomlands. Ett statsbesök kan betraktas som den yttersta bekräftelsen på att de bästa relationer råder mellan Sverige och det land som besöks.

Kungen och Drottningen avlägger årligen ett par statsbesök utomlands. Bland de inbjudningar som inkommit, väljs i samråd med regeringen de länder ut som står närmast i tur på regeringens lista. I möten mellan Kungaparet och Utrikesdepartementets ledning läggs besöksprogrammet för de närmaste två till tre åren upp.

Den praktiska planeringen för ett statsbesök utomlands påbörjas ungefär ett år i förväg och sker självfallet i nära samarbete med Utrikesdepartementet samt regeringen i det land som skall besökas. Ett förslag till program för vanligtvis två till tre dagar översänds från det kommande värdlandet till Kungaparet för synpunkter. Utrymme för speciella önskemål finns alltid. Detta innebär bl a att Kungens intresse för forskning och vetenskap ofta kommer till uttryck i att ett seminarium eller symposium på ett vetenskapligt tema av gemensamt intresse för värdlandet och Sverige arrangeras.

I övrigt ingår alltid värdlandets speciella ceremoniel för statsbesök i fråga om mottagande vid ankomsten, samtal med värdlandets statschef och regeringsföreträdare, kransnedläggning vid den okände soldatens grav, galabankett, svarsmåltid etc.

De formella programpunkterna genomförs oftast i huvudsak under den första dagen. Därefter finns tid för studiebesök i industrier, skolor, sociala institutioner etc. som kan vara av särskilt intresse i just det landet. Oftast ingår även en resa utanför huvudstaden för att göra bilden av värdlandet mera fullständig.

Kungaparet åtföljs under statsbesöket av en eller flera medlemmar av den svenska regeringen, ofta utrikesministern samt av företrädare för svenskt näringsliv och kulturliv. Dessa har egna möten med sina motsvarigheter i det land som besöks. Kungaparets "beskydd" och deltagande i resan gör det möjligt att öppna dörrar som annars kanske inte skulle ha öppnats för medresenärerna. Samarbete och avtal kan diskuteras och viktiga kontakter knytas eller utvecklas.

Kung Carl Gustaf gjorde sitt första statsbesök i grannlandet Norge, hos den äldste monarken i Norden, dessutom Kungens egen gudfar, Kung Olav. Därefter stod Finland, vårt östra broderland på tur. Hos kusinen, Drottning Margrethe, i Danmark och Islands president Kristján Eldjárn fullbordades den nordiska odyssén. England och de övriga europeiska monarkierna följde varefter cirklarna vidgades, i Europa och övriga världsdelar.

De internationella reglerna, det s k protokollet, föreskriver att en nytillträdd statschef, monark eller president, besöker "kollegor" som är äldre "i tjänst". Därefter äger s k svarsbesök rum efter något eller några år, allt beroende på hur nära relationer Sverige har med landet i fråga.

I vissa länder har Kungen avlagt flera statsbesök, som i Norge, där han gästat två kungar och i Finland två presidenter. Även Island och Tyskland har fått upprepade svenska besök på denna den högsta nivån i det internationella officiella umgänget länder emellan.

Statsbesök i Norge i oktober 1974. Kung Olav, Kungens gudfar, tar emot vid ankomsten.

Kung Carl Gustaf med den norska kungafamiljen: Kung Olav, Kronprins Harald, Kronprinsessan Sonja samt barnen Haakon, Kung Carl Gustafs gudson, och Märtha Louise.

Besök på en oljerigg utanför Oslo.

Statsbesök i Norge i juni 1993.
Svenska Kungaparet ger middag
för Kung Harald, Drottning Sonja
och Prinsessan Märtha Louise på
Sjöfartsmuséet i Oslo. Porslin,
silver och mat medföljer från
Stockholm.

Statsbesök i Finland
hösten 1974. Presi-
dent Urho Kekko-
nen tar emot när
Kung Carl Gustaf
anlöper Helsingfors
med jagaren Hal-
land.

Industribesök hos Saab och samtal med författaren Tove Jansson, Mumintrollets "mamma".

Statsbesök i Finland i augusti 1983. President Mauno Koivisto och hans hustru Tellervo har inbjudit Kungaparet, som bl.a. besöker Svea-borg och Olofsborg. De båda statschefsparen vinkar till helsingforsborna från Stadshusets trappa.

39

Statsbesök i Danmark hos Drott-
ning Margrethe II och Prins
Henrik våren 1975. Promenad
på Strøget och hästanspänd
kortege genom Köpenhamns
gator står på programmet.

Kung Carl Gustaf med sin kusin
Drottning Margrethe. →

Statsbesök på Island i juni 1975. Presidentparet Kristján Eldjárn är värdar och bjuder på såväl friluftsprogram som galamiddag.

Bad i det varma isländska källvattnet
ingår också i statsbesöksprogrammet.

Statsbesök på Island på försommaren 1987. President Vigdis Finnbogadóttir tar emot på flygplatsen och bjuder på lunch i sitt hem.

Statsbesök i England i juli 1975. Drottning Elizabeth II med make Prins Philip, Hertigen av Edinburgh, är Kungens värdpar.

Kungen inspekterar hedersgardet, besöker Cambridge
och tar en roddtur på Themsen.

Statsbesök utomlands

1974	oktober	**Norge**
		Kung Olav V
	november	**Finland**
		President Urho Kekkonen
1975	april	**Danmark**
		Drottning Margrethe II och Prins Henrik
	juni	**Island**
		President Dr Kristján Eldjárn
	juli	**England**
		Drottning Elizabeth II och Prins Philip

1976	oktober	**Nederländerna**
		Drottning Juliana och Prins Bernhard
1977	mars	**Belgien**
		Kung Baudouin och Drottning Fabiola
1978	juni	**Sovjetunionen**
		Ordförande i Högsta Sovjets Presidium
		Leonid Brezhnev
	september	**Jugoslavien**
		President Tito
1979	mars	**Förbundsrepubliken Tyskland**
		Förbundspresident Walter Scheel
	november	**Österrike**
		Förbundspresident Rudolf Kirchschläger
1980	april	**Japan**
		Kejsar Hirohito
	juni	**Frankrike**
		President Valéry Giscard d'Estaing

1981	februari	**Tanzania**
		President Julius Nyerere
	februari	**Saudiarabien**
		Kung Khaled
	september	**Kina**
		Kinas Regering
1982	januari	**Mexico**
		President José López-Portillo
1982	april	**Australien**
		Generalguvernör Sir Zelman Cowen
1983	mars	**Spanien**
		Kung Juan Carlos och Drottning Sophia
	augusti	**Finland**
		President Mauno Koivisto
	september	**Luxemburg**
		Storhertig Jean och
		Storhertiginnan Joséphine-Charlotte
1984	april	**Brasilien**
		President Joao Baptista de Oliveira Figueiredo
1985	april	**Schweiz**
		Förbundsregeringen
1986	oktober	**Portugal**
		President Mario Soares
	november	**Egypten**
		President Hosni Mubarak
1987	juni	**Island**
		President Vigdis Finnbogadóttir
1988	mars	**Canada**
		Generalguvernör Jeanne Sauvé
1989	februari	**Nya Zeeland**
		Generalguvernör Reeves
	september	**Jordanien**
		Kung Hussein och Drottning Noor
1991	april	**Italien**
		President Francesco Cossiga
	maj	**Heliga Stolen**
		Påven Johannes Paulus II
	maj	**Ungern**
		President Arpád Göncz
1992	april	**Irland**
		President Mary Robinson
	april	**Estland**
		President Arnold Rüütel
	september	**Lettland**
		President Anatolijs Gorbunovs
	oktober	**Litauen**
		President Vytautas Landsbergis
1993	april	**Förbundsrepubliken Tyskland**
		Förbundspresident Richard von Weizsäcker
	juni	**Norge**
		Kung Harald V och Drottning Sonja
	september	**Polen**
		President Lech Walesa
	oktober	**Indien**
		President Dr. Shanker Rayal Sharma
1995	maj	**Tjeckien**
		President Václav Havel

← Statsbesök i Indien i oktober 1993. Kung Carl Gustaf inspekterar
hedersgardet utanför parlamentet i New Delhi.

Presidenten Dr. Shanker Rayal Sharma tar emot vid ankomsten, för samtal och galamiddag.

Kungen möter svenska ungdomar på besök i New Delhi, tittar på indiskt konsthantverk och planterar ett vårdträd till minne av statsbesöket.

Kungaparet vid Taj Mahal. →

På elefantryggen tillsammans med Maharadjan av Jaipur, i fotografernas blickfång samt i ökenbyn Akodiya med lokalbefolkningen, som bjuder på hemlagat.

Hedersgäst hos den
församlade bybefolk-
ningen i Akodiya, där
SIDA bedriver ett
utbildningsprojekt,
särskilt inriktat på
kvinnorna i byn.

54

Välkomna till Bangalore!

UTLÄNDSKA STATSBESÖK I SVERIGE

NÄR ETT ANNAT lands statschef gästar Sverige är Kungen värd. Liksom de statsbesök som Kungaparet avlägger utomlands är besöken i Sverige av utrikespolitisk betydelse såtillvida att de bekräftar goda förbindelser. De ger också möjlighet för de två ländernas främsta företrädare att träffas såväl på det formella, protokollära planet som under mer personliga former. Under en utländsk statschefs besök i Sverige får vi möjlighet att exponera vårt land i det gästande landet, framför allt via de massmedia som bevakar besöket. En journalistgrupp följer sin statschef men har ibland också egna önskemål att titta närmare på vissa områden. Handikappvård, miljötänkande och vissa industrier är bara några av de områden som brukar stå högt på listan för utländska besökare i Sverige.

Programmet för hedersgästen och hans följe som – precis som när Kungaparet reser utomlands – ofta omfattar regeringsmedlemmar och andra representanter för myndigheter och förvaltning, planeras av Hovmarskalksämbetet i samarbete med Utrikesdepartementet. Den första besöksdagen brukar gästen anlända till Stockholm mitt på dagen, vanligtvis med flyg till Arlanda. Kungaparet möter på Artillerigården och färdas sedan i hästanspänd kortege, om vädret tillåter, därifrån till Kungl Slottet. På Inre Borggården äger den formella mottagningsceremonin rum. Nationalsångerna spelas, Hedersvakten, traditionellt från Svea Livgarde, inspekteras, talmännen, regeringen, ÖB och försvarsgrenscheferna, landshövdingen i Stockholm m fl hälsar det gästande statsöverhuvudet välkommen.

Efter en privat lunch med Kungaparet ägnas resten av dagen åt samtal med statsministern och regeringen, audiens hos talmannen samt galamiddag på Slottet med Kungens respektive gästens officiella tal.

Under andra dagen i Sverige brukar besökaren titta närmare på institutioner eller företag i Stockholm med omnejd, som lagts in i programmet för att det är av särskilt intresse för statschefen ifråga. Stockholms Stad ger lunch i Stadshuset, gästen träffar på sin ambassad representanter för de landsmän som är bosatta i Sverige, samt ger avslutningsvis middag eller supé för Kungaparet och företrädare för riksdag och regering, s.k. svarsmiddag.

Den tredje dagen ägnas åt besök utanför Stockholm. Det är viktigt att visa att Sverige inte enbart är Stockholm. Olika delar av landet väljs varje gång, från Malmö i söder till Kiruna i norr. Respektive län, med landshövdingen i spetsen står som värd och ansvarar då för detaljprogrammet, som lagts upp i samarbete med Hovmarskalksämbetet och Utrikesdepartementet.

Ett par utländska statschefer gästar årligen Sverige och urvalet sker enligt samma principer som när det gäller Kungaparets statsbesök utomlands. Vanligtvis äger besöken rum under våren, försommaren eller tidiga hösten, då vädret är som bäst i Sverige. Stora delar av programmet, framför allt de ceremoniella, sker utomhus och det är meningen att även den intresserade allmänheten skall få möjlighet att följa ett statsbesök. Åskådare brukar framför allt samlas längs kortegevägen och runt Slottet ankomstdagen samt vid de olika besökspunkterna utanför Stockholm. Intresset varierar och är bl.a. beroende av hur mycket vårt eget Kungapar deltar i besöket.

President Urho Kekkonen på statsbesök i Sverige i oktober 1975. Han tas emot på Kungl. Slottet av Kung Carl Gustaf, Prinsessan Desirée, Prinsessan Christina och Prins Bertil.

Kung Olav på statsbesök i Sverige i november 1975. Vid ankomsten till Stockholms Central möter Kung
Carl Gustaf.

Jugoslaviens president Josip Broz Tito på statsbesök i mars 1976.

Österrikes förbundspresident Rudolf Kirchschläger avlägger statsbesök i Sverige i maj 1976.

Kung Juan Carlos och Drottning Sophia av
Spanien gör statsbesök i Sverige hösten
1979. De besöker Stockholm och Göteborg.

Mexicos president José López-Portillo, tillsammans med sin hustru Carmen och en rad familjemedlem-
mar, tas emot i Gästvåningen på Kungl. Slottet, när de anländer till Stockholm för statsbesök i maj 1980.

Kungaparet ger traditionsenligt galamiddag i Karl XI:s galleri på Kungl. Slottet för det mexikanska presidentparet.

Rumäniens president Nicolae Ceausescu vid ankomsten till Sverige, dit han inbjudits på statsbesök hösten 1980, på initiativ av regeringen.

Canadas generalguvernör Edward Schreyer åker hästanspänd kortege tillsammans med Kungen i samband med sitt statsbesök i Sverige i maj 1981.

Kungaparet tar emot Islands
president Vigdis Finnbogadót-
tir med sedvanligt ankomst-
ceremoniel på Kungl. Slottets
inre borggård och med gala-
middag i Festvåningen vid
hennes statsbesök i Sverige
hösten 1981.

Finlands presidentpar, Mauno och Tellervo Koivisto, avlägger statsbesök i Sverige våren 1982. De bju-
der Kungaparet, Prins Bertil och Prinsessan Lilian samt en lång rad andra svenska och finländska gäster
på festmiddag på Grand Hotel i Stockholm.

Drottning Elizabeth II avlägger sitt
andra statsbesök i Sverige i maj
1983. Hon anländer till Stockholm
med "Britannia" och färdas över
Strömmen med Vasaslupen från
sitt fartyg till Nationalmuseums
trappa, där Kung Carl Gustaf tar
emot.

Kortege från Nationalmuseum till
Kungl. Slottet samt besök i Manilla-
skolan på Djurgården ingår i pro-
grammet för statsbesöket.

Privat hälsningscere-
moni samt intåg till
stor galamiddag genom
Vita Havet, Kung Carl
Gustaf med Drottning
Elizabeth, Drottning
Silvia med Prins Philip.

I maj 1984 kommer Frankrikes president François Mitterand med maka Danielle till Sverige på statsbesök. Kungaparet ledsagar presidenten till Kungl. Vetenskapsakademien och ger sedvanlig middag på Kungl. Slottet. Galaklädsel med ordnar, Kungen i franska Hederslegionen, presidenten i svenska Serafimerorden.

Mitt i vintern, i februari 1985, kommer Zambias president, Dr. Kenneth Kaunda, till Sverige på statsbesök. Han välkomnas av Kung Carl Gustaf och Hedersgardet stod denna gång uppställt i Rikssalen på Kungl. Slottet p.g.a. vinterkylan. Kaunda bär som vanligt på sin maskot, den vita näsduken.

Kronprins Akihito och
Kronprinsessan Michi-
ko av Japan besökte
Sverige i juni 1985. I
Stockholm möttes de
av Kungaparet och
flaggviftande japanska
skolbarn vid Kungl.
Slottet samt av svensk
folkmusik på Skansen.

Vasaslupen är reserverad för kungliga personer. Med denna färdas Kungaparet samt Drottning Margrethe II och Prins Henrik av Danmark från Riddarholmen till Stockholms Stadshus för lunch när de avlägger statsbesök i Sverige på sensommaren 1985. Kung Carl Gustaf och Drottning Silvia guidar bl.a. i Sigtuna, där den danska Drottningen får utlopp för sitt arkeologiska intresse.

Algeriets president Chadli Bendjedid anländer till Stockholm för statsbesök i april 1986. Kung Carl
Gustaf möter.

Kung Carl Gustaf och Drottning Beatrix inspekterar hedersgardet på Inre Borggården på Kungl.
Slottet, när Drottningen inleder sitt statsbesök i Sverige i maj 1987.

I samtal med Prinsessan Lilian, på besök i Vasa-
muséet och på rundvandring i Gamla Stan — ett
statsbesök omfattar många och varierande pro-
grampunkter.

Förbundsrepubliken
Tysklands president
Richard von Weizsäcker
tas emot med pompa
och ståt, när han gör
statsbesök i Sverige
våren 1988. Kung Carl
Gustaf står som värd –
utom när det tyska pre-
sidentparet tackar för
den svenska gästfriheten
genom att bjuda på kon-
sert och supé i Vinter-
trädgården på Grand
Hotel i Stockholm.

Kronprinsessan Victoria, Prins Carl Philip och Prinsessan Madeleine hjälper Kungaparet att välkomna Israels president Chaim Herzog och hans maka Aura till festvåningen i Kungl. Slottet i samband med deras statsbesök i Sverige våren 1990.

Kung Carl Gustaf och Drottning Silvia småpratar med Portugals president Mario Soares och hans hustru Maria i Vita Havet inför galamiddagen på Kungl. Slottet med anledning av presidentparets statsbesök i Sverige i oktober 1990.

Kung Carl Gustaf lotsar Tjeckoslovakiens president Václav Havel över Inre Borggården på Kungl. Slottet strax efter presidentens ankomst till Stockholm i maj 1991. President Havel har varit i Sverige tidigare, men detta är det första statsbesöket.

Storhertiginnan Joséphine-Charlotte av Luxemburg, dotter till den svenskfödda Drottning Astrid av Belgien, lyssnar till Kung Carl Gustafs hälsningstal i Karl XI:s galleri vid det statsbesök som Storhertig-paret av Luxemburg hade inbjudits till i oktober 1991.

I maj 1992 kommer Norges nyblivna kungapar, Kung Harald V och Drottning Sonja, på sitt första stats-
besök till Sverige. Kung Carl Gustaf och Drottning Silvia möter tillsammans med Prins Bertil och Prin-
sessan Lilian i Kungliga Vänthallen på Stockholms Central.

Kung Carl Gustaf tar för tredje gången under sin regeringsperiod emot Finlands president, den nyvalde Martti Ahtisaari med hustru Eeva, i april 1994. De möts på Artillerigården, åker sedan kortege genom Stockholm och intar middag på Kungl. Slottet på kvällen.

Statsbesök kan också vara släktbesök,
som när Belgiens Kung Albert II och
Drottning Paola kommer till Sverige
i maj 1994. Förutom det sedvanliga
ceremoniella programmet hinner
Kung Carl Gustaf och Drottning Silvia
också visa det belgiska Kungaparet
Fridhem i Östergötland, där Kung
Albert vistats med sin mor, Drottning
Astrid, om somrarna som barn.

Polens president Lech Walesa och hans hustru Danuta avlägger statsbesök i Sverige våren 1995 på inbjudan av Kung Carl Gustaf.

Hösten 1995 tar Kung Carl Gustaf emot i tur och ordning Estlands president Lennart Meri, Lettlands president Guntis Ulmanis och Litauens president Algirdas Brazauskas på deras första statsbesök i Sverige. →

Statsbesök i Sverige

1975	oktober	**Finland**
		President Urho Kekkonen
	november	**Norge**
		Kung Olav V
1976	mars	**Jugoslavien**
		President Tito
	maj	**Österrike**
		Förbundspresident Rudolf Kirchschläger
1979	oktober	**Spanien**
		Kung Juan Carlos och Drottning Sophia
1980	maj	**Mexico**
		President José López-Portillo
	november	**Rumänien**
		President Nicolae Ceausescu
1981	maj	**Canada**
		Generalguvernör Edward Schreyer
	oktober	**Island**
		President Vigdis Finnbogadóttir
1982	april	**Finland**
		President Mauno Koivisto
1983	maj	**England**
		Drottning Elizabeth II och Prins Philip
1984	maj	**Frankrike**
		President François Mitterrand
1985	februari	**Zambia**
		President Dr. Kenneth Kaunda
	juni	**Japan** (officiellt besök)
		Kronprins Akihito och Kronprinsessan Michiko
	september	**Danmark**
		Drottning Margrethe II och Prins Henrik
1986	april	**Algeriet**
		President Chadli Bendjedid
1987	maj	**Nederländerna**
		Drottning Beatrix och Prins Claus
1988	maj/juni	**Förbundsrepubliken Tyskland**
		Förbundspresident Richard von Weizsäcker
1990	maj	**Israel**
		President Chaim Herzog
	oktober	**Portugal**
		President Mario Soares
1991	maj	**Tjeckiska och Slovakiska Federativa Republiken**
		President Václav Havel
	oktober	**Luxemburg**
		Storhertig Jean och
		Storhertiginnan Joséphine-Charlotte
1992	maj	**Norge**
		Kung Harald V och Drottning Sonja
1994	april	**Finland**
		President Martti Ahtisaari
	maj	**Belgien**
		Kung Albert II och Drottning Paola
1995	mars	**Polen**
		President Lech Walesa
	september	**Estland**
		President Lennart Meri
	oktober	**Lettland**
		President Guntis Ulmanis
	november	**Litauen**
		President Algirdas Brazauskas

Möte vid Treriksröset: Kung Carl Gustaf, Kung Harald av Norge och Finlands president Mauno Koivisto på sensommaren 1993.

Kung Carl Gustaf med Drottning Silvia och det norska kungaparet i samband med invigningen av Nord-kalottleden 1993, en gemensam nordisk vandringsled av stort värde för friluftsliv och turism. →

DET DAGLIGA ARBETET

Kungens arbetsdag sträcker sig vanligen från 9-tiden på morgonen till framåt 18-tiden på kvällen. Därefter vidtar ofta något officiellt kvällsengagemang. Lördagar och söndagar tas också i anspråk, framför allt under vår och höst, för uppdrag av olika slag. Endast juli månad kan sägas vara "helig". Då ägnar Kungen sin tid åt familjen och sommarresidenset Solliden på Öland.

Varje arbetsdag har ett eget schema och ingen dag liknar egentligen den andra. Högtidliga audienser för tre till fyra nyanlända, utländska ambassadörer en gång i månaden, informationskonseljer med regeringen två till tre gånger årligen, kompletterade av regelbundna möten för utbyte av information med statsministern och de olika statsråden däremellan, föredragningar från UD, Exportrådet etc, inför utlandsresor eller utländska besök i Sverige, regelbundna planeringsmöten med den närmaste staben, representationsmiddagar, dit Kungaparet bjuder svenskar som uträttat något särskilt inom sina respektive områden, företräden för personer som bett att få komma och lämna en medalj, bok eller speciell gåva med särskild anknytning till Kungen, audienser för utländska besökare, som är regeringens, kyrkans eller försvarets gäster, genomgång av korrespondens, överlämnande av kungliga medaljer två gånger per år, studier av program och bakgrundsmaterial inför olika engagemang, företräden för representanter för organisationer, i vilka Kungen är beskyddare eller har ett särskilt intresse, möten med enskilda medarbetare för dragning av olika ärenden.

Men många dagar är ovanliga dagar utanför Slottet. Någon svensk stad firar ett månghundraårigt jubileum och Kungaparet inbjuds till festligheterna, en ny nationalpark skall invigas, en kunglig akademi firar årshögtid, en vetenskaplig institution skall öppnas, en försvarsövning skall följas, en ny biskop skall installeras, ett hederspris skall utdelas, SM på skidor skall invigas, Sveriges nationaldag firas och Kungen skall hålla högtidstalet, ett studiebesök vid en mindre industri eller vid en speciell skola skall göras…

Ja, även här är exemplena på arbetsuppgifter otaliga. Varje uppgift kräver förberedelser och särskilda kunskaper. Ofta ombeds exempelvis Kungen hålla tal, vilket han gör offentligt i genomsnitt 100–150 gånger årligen.

Beslut om Kungens, Drottningens och Kronprinsessans engagemang fattas vid s k planeringsmöten en gång i veckan på Slottet. Hovmarskalksämbetet svarar för att programmet utarbetas och genomförs enligt Kungens och Drottningens önskemål. Kungen lägger stor vikt vid att resa runt i Sverige och inte enbart åtaga sig engagemang i Stockholm. Olika delar av landet liksom olika områden, t ex det sociala, kulturella och ekonomiska, miljö och idrott, alla skall uppmärksammas – och Kungen är säkerligen en av Sveriges mest allmänbildade personer. Med åren har ändå Kungen utvecklat vissa specialintressen, som just miljövård, forskning, vetenskap och industri samt idrott och konst. Särskilt på miljöns område har Kungen nått ett internationellt rykte som föregångsman och auktoritet.

1974 års regeringsform ger få riktlinjer för statschefens verksamhet. Kung Carl XVI Gustaf har till stor del format sin egen "arbetsbeskrivning", inom ramen för konstitutionen och med mottot "För Sverige – i tiden" som ledstjärna. I modern tid har Sverige knappast haft någon monark som så aktivt verkat för att främja landet och dess intressen i stort.

← Kung Carl Gustaf vid skrivbordet i arbetsrummet på Kungl. Slottet. Korrespondens skall hand-
läggas, bakgrundsmaterial läsas in och tal förberedas. Många timmar går dagligen åt till denna typ av
verksamhet under Kungens arbetsvecka.

Möte med de medarbetare som svarar för att Kungaparets almananacka och arbete planeras på bästa sätt
äger vanligtvis rum en gång varje vecka på Kungl. Slottet. Många förfrågningar och inbjudningar skall
besvaras och alla detaljer diskuteras för att Kungaparets framträdanden skall genomföras till allas till-
fredsställelse.

← Avfärd från Hovstallets gård för att fira Sveriges nationaldag. Kungen månar om Hovstallets fortlevnad; såväl byggnader som bilar, vagnar och seldon representerar ett stort kulturellt värde, som skall vårdas och föras vidare till nästa generation.

Den Kungliga familjen besöker årligen Skansen den 6 juni för att deltaga i Nationaldagsfesten. Då har Kungaparet redan varit med om en nationaldagshögtidlighet i någon annan svenska stad. Kungen brukar där hålla festtalet och alltfler möter numera upp för att fira denna dag.

Kungen är beskyddare av samtliga Kungliga akademier. Han deltar inte enbart i högtids-sammankomsterna utan går exempelvis gärna på Vetenskapsakademiens ordinarie möten och reser en gång per år med en industridelegation från IVA för att studera den högteknologiska utvecklingen i olika länder.

DE KUNGLIGA AKADEMIERNA:

Kungliga Vetenskapsakademien
Kungliga Krigsvetenskapsakademien
Ingenjörsvetenskapsakademien
Kungliga Musikaliska Akademien
Kungliga Akademien för de fria konsterna
Kungliga Skogs- och Lantbruksakademien

Förläning av kungliga medaljer sker två gånger per år. Därtill kommer utdelandet av Prins Eugen-medaljen för framstående konstnärliga insatser varje vinter. 1995 får bl.a. Bertil Vallien mottaga Eugen-medaljen ur Kung Carl Gustafs hand i Prinsessan Sibyllas våning på Kungl. Slottet.

Kung Carl Gustaf delar ut Polar Music Prize 1995 i Berwaldhallen till Mstislav Rostropovich och Elton John.

Prisutdelningar i olika sammanhang tillhör Kungens ständigt återkommande uppgifter. Marcus Wallenberg-priset överlämnas i STORA:s festliga inramning, medan Världsnaturfonden omgärdar sig med en mera vardaglig atmosfär.

Kung Carl Gustaf överlämnar varje år den
10 december Nobelprisen i Konserthuset i
Stockholm och deltar sedan som heders-
gäst, tillsammans med Drottning Silvia och
andra medlemmar av den Kungliga Famil-
jen, i festbanketten i Stockholms Stadshus.

I det dagliga arbetet är de s.k. före-
trädena en viktig del. Flera gånger
i veckan tar Kungen emot enskilda
medborgare eller grupper som av
olika anledningar tar kontakt för
att framföra ett angeläget ärende,
överlämna en gåva eller informera
om något som berör Kungaparet.
Handikappade ungdomar får här
ett samtal, liksom representanter
för Frälsningsarmén.

Första exemplaret av en bok om barnens brev till Kungen, "Hej, Ers majestät", överlämnas till Kungen. En ren från Lappland har "för egen maskin" tagit sig hela vägen till Stockholm och avlägger visit hos Kungaparet på Kungl. Slottet.

I parken runt Drottningholms Slott skall hästen "Svenske" utföra allehanda göromål sommartid. Kungen får här ta emot denna arbetskraftsförstärkning.

Kungen engagerar sig i
kampen mot våldet och
bjuder, efter samråd med
regeringen, in antivålds-
organisationer från hela
landet till samtal på Kungl.
Slottet.
Skifte på posten som preses
i Kungl. Skogs- och Lant-
bruksakademien bekräftas
genom att Kungen tar emot
den avgående preses Valfrid
Paulsson och den tillträdan-
de Ingemar Öhrn.

Kungaparet inbjuder till representations-
middagar på Kungl. Slottet två till fyra
gånger varje år. Till dessa inviteras i första
hand svenskar, som inom statsförvaltningen,
kommunerna, organisationsvärlden,
näringslivet, kulturen eller idrottsvärlden
gjort insatser för Sverige. Gästerna, ca 150
varje gång, hälsas välkomna, var och en, av
Kungen och Drottningen i Vita Havet.

Middagen serveras i Karl XI:s galleri vid ett långt
bord, dukat med praktfullt silver ur den Brasilianska
silverservisen samt andra skatter ur de kungliga sam-
lingarna. Många levande ljus skall tändas och släckas,
den särskilda brytningen av den kungliga servetten
göras och sist men inte minst skall maten förberedas,
innan de 150 gästerna kan sätta sig till bords.

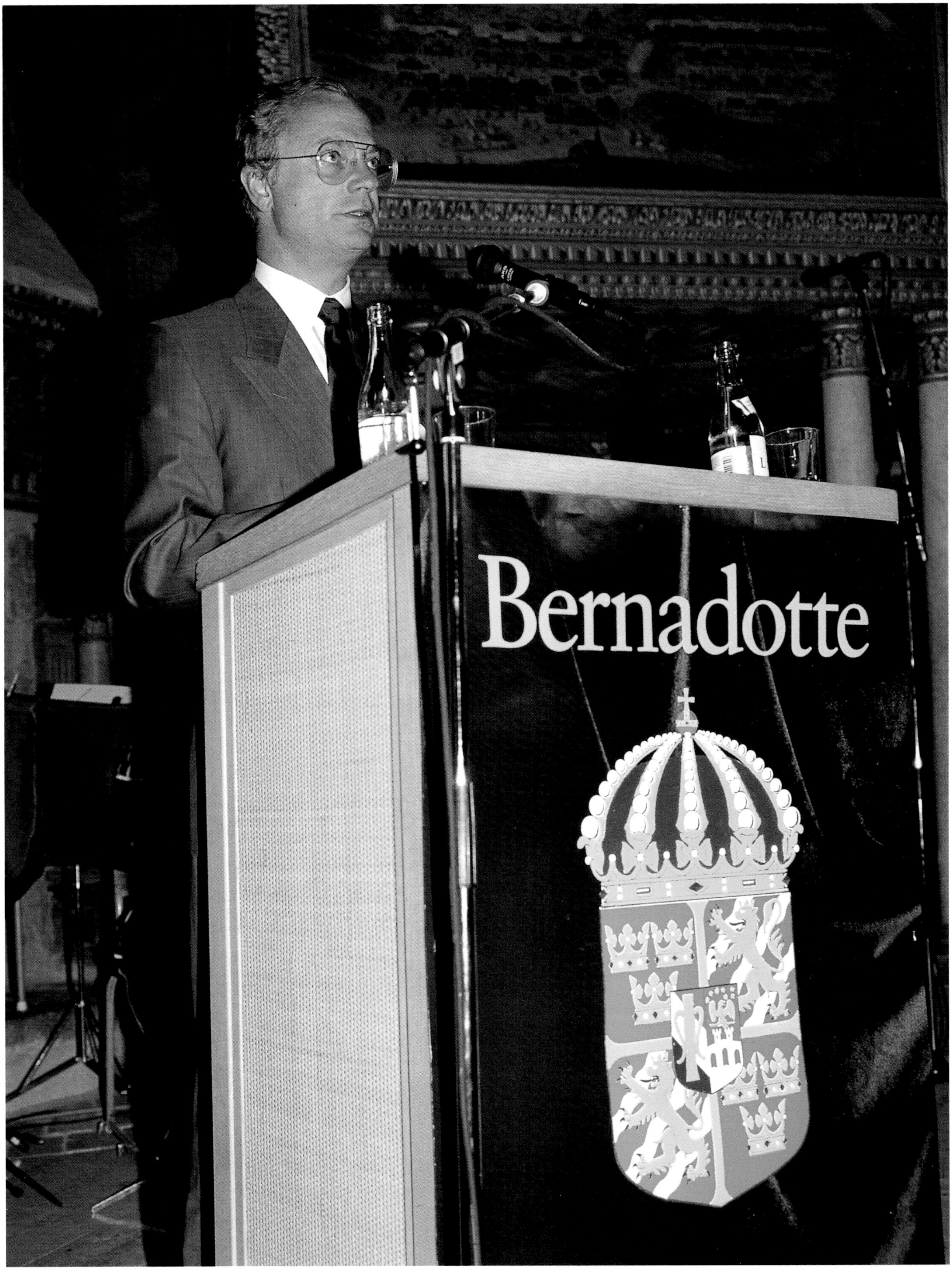
Bernadotte

← Kungen åtager sig gärna uppdrag utanför Stockholm. 1991 inviger han den stora utställningen om ätten Bernadotte på Läckö Slott.

Kungen sätter sitt signum på att han besökt Falu Koppargruva och blir intervjuad av TV vid sommar-residenset Solliden på Öland. Det handlar om Drottning Victorias fotografier från bl.a. Egypten.

Kungen tackar uppmuntrande för god kamp efter
en handikappidrottsmatch i Solna och besöker till-
sammans med familjen en filmpremiär i Stockholm
till förmån för Världsnaturfonden, i vars svenska
förtroenderåd han är ordförande.

Vid invigningen av utställningen "Den Svenska Historien" på Historiska och Nordiska muséerna i Stockholm får den Kungliga familjen bl.a. se en kort teaterföreställning, i vilken de mest namnkunniga av Kungens företrädare på Sveriges tron spelar huvudrollerna.

"Barnbygala" på Oscarsteatern i Stockholm, med bl.a. Bob Hope, till förmån för SOS Barnbyar.

←↑ Den 30 april firas Kung Carl Gustafs födelsedag officiellt med högtidlig vaktavlösning på Yttre Borggården på Kungl. Slottet. Tusentals åskådare hurrar och sjunger, barnen ringlar fram i, av hjälp-samma poliser, ordnade köer för att lämna sina blommor till födelsedagsbarnet. Från ett fönster i Ordenssalarna deltar Drottning Silvia och barnen i festligheterna.

ERIKSGATOR

FÖRE ARVRIKETS INFÖRANDE 1544 skulle varje nyvald svensk kung företa en "Eriksgata" genom de centrala landskapen för att erkännas och hyllas.

I modern tid görs Eriksgatorna, eller länsbesöken som de heter med dagens terminologi, inte till häst utan med moderna färdmedel. Tanken är fortfarande att så många som möjligt av länens invånare skall kunna få en chans att se sin kung och drottning. Man bemödar sig att i planeringen av programmet om möjligt inkludera alla kommuner.

Planeringen för en Eriksgata påbörjas ungefär ett år före dess genomförande. Länsledningen svarar för programmet efter samråd med Hovmarskalksämbetet. Landshövdingen är Kungaparets värd. Varje län ägnas i regel tre dagar och man börjar i residensstaden. Under Eriksgatan, som följs av både lokala media och rikspressen, är tanken att länet skall presentera sig och visa sina särdrag, de positiva, men också de eventuellt negativa. En Eriksgata är som ett smörgåsbord: Kungaparet får möjlighet att prova på litet av allt och har efter de tre dagarnas rundresa i länet fått en mycket god överblick. Sedan kan de återkomma för att fördjupa sina kunskaper i sådant som de tycker är av särskilt intresse.

Varje kung gör endast en Eriksgata per län. Kung Carl Gustaf har besökt samtliga län utom Stockholms. Där har Kungen valt att, i stället för att resa runt under tre dagar i ett län, som han redan känner så väl, direkt gå på djupet. Efter förslag från Länsstyrelsen gästar Kungaparet en kommun varje år, under en dag, enligt ett noggrant upplagt detaljprogram, som i övrigt, i sina principer, stämmer mycket väl överens med de traditionella Eriksgatorna.

← Eriksgata i Södermanlands län
september 1980.

Eriksgata i Kalmar län oktober 1978 och i
Kopparbergs län maj 1983.

← Eriksgata på Gotland maj 1978
Eriksgata i Norrbottens län augusti 1980.

Eriksgata i Blekinge maj 1988 och i Gävleborgs län augusti 1987.

Kungen håller ett av sina många tal under Eriksgatan i Kristianstad län sensommaren 1983. →

I det egna hemlänet, Stockholm, har
Kungen valt att göra en fördjupad
Eriksgata, utsträckt över flera år.
En dag ägnar man årligen åt ingående
studier av en av länets kommuner.

I augusti 1995 var det dags för den
åttonde i raden, Haninge, en kommun
som med sin rika skärgård är välkänd
för Kungaparet. Kungen gjorde en
stor del av sin marina utbildning i dessa
farvatten. Sommartid kan Kungens
egen båt också skymtas här.

Men Haninge är också känd för den
svenska allmänheten som kommunen som
nästan gick i konkurs men nu lyckats få
bättre ordning på sin ekonomi. Ett omväx-
lande dagsprogram erbjöds Kungaparet.

129

Båtfärd, besök i en handelsträdgård specialiserad på rosenodling, tal till allmänheten, färd med häst och vagn, elitgymnastikuppvisning och besök i Mormontemplet står bland mycket annat på programmet i Haninge denna sensommardag.

Kung Carl XVI Gustafs Eriksgator

1974	mars	Jämtlands län
	maj	Uppsala län
	juni	Västmanlands län
	september	Göteborgs och Bohus län
	september	Värmlands län
1975	maj	Malmöhus län
	maj	Skaraborgs län
	maj	Östergötlands län
	juni	Jönköpings län
	september	Älvsborgs län
	september	Kronobergs län
1976	juni	Västerbottens län
1978	maj	Gotlands län
	oktober	Kalmar län
1980	augusti	Norrbottens län
	september	Södermanlands län
1981	juni	Hallands län
1983	maj	Kopparbergs län
	augusti	Kristianstads län
1984	september	Örebro län
1985	juni	Västernorrlands län
1987	augusti	Gävleborgs län
1988	maj	Blekinge län

Kommunbesök i Stockholms län

1988	augusti	Norrtälje
1989	september	Södertälje
1990	augusti	Nynäshamn
1991	augusti	Vallentuna
1992	september	Huddinge
1993	september	Järfälla
1994	juni	Vaxholm
1995	augusti	Haninge

KUNGENS INTRESSEN

"Skulle jag inte blivit kung skulle jag gärna ha gjort något där jag fick vara utomhus, arbeta med skog och mark. Kanske skulle jag blivit jordbrukare."

Ungefär så har Kung Carl Gustaf besvarat den ständigt återkommande frågan från journalister om vad "Kungen skulle ha gjort om han inte varit kung". Kungens främsta intresse är just naturen och många olika aktiviteter som hör samman med den: att vara ute och vandra i skog och mark, att åka skidor både på längden och utför, att jaga, att gå till sjöss med motor- eller segelbåt.

Det var Kungens mor, Prinsessan Sibylla, som på sin tid lärde sin son att uppskatta naturlivet. På somrarna på Öland tog hon med honom på utflykter, som erbjöd unika upplevelser, och på den första jakten. Alltsedan dess har Kungen fortsatt att odla sitt naturintresse, eftersom det ger honom den bästa möjligheten till avkoppling från det offentliga livets strålkastarljus men också tillfälle till umgänge med familj och vänner. Kungens egna barn har på ett tidigt stadium fått följa sin far i fotspåren i skog och mark. Kronprinsessan följer gärna med på fjällvandringar och långa skidturer när inte skolan lägger hinder i vägen.

På ett annat plan tar sig Kungens intresse för naturen uttryck i viljan att värna om miljön. Kungen tillhör de första i vårt land som gick i spetsen för att sprida budskapet om nödvändigheten att vårda luft och vatten. Han var engagerad i genomförandet av FN:s miljövårdskonferens i Stockholm 1972, han är ordförande i svenska WWF:s förtroenderåd, samt beskyddare av Det Naturliga Steget, inom ramen för vilket han instiftat Kung Carl Gustafs Miljötävlan, som syftar till att stimulera Sveriges kommuner till konstruktivt miljötänkande. Och hemma på Drottningholms Slott har Kungen drivit sitt eget sopsorteringsprojekt, såväl i hemmet som i parken.

Kung Carl Gustaf är också en hängiven scout, alltsedan barndomen. Idag är Kungen hedersordförande i den internationella organisation som letar pengar till scoutverksamheten runt om i världen, World Scout Foundation. Han deltar aktivt i styrelsearbetet men besöker också gärna scoutläger både på hemmaplan och utomlands. Att delta i scout jamborees, som regelbundet samlar 10 000-tals scouter från hela världen, gör Kungen gärna så ofta han har möjlighet.

Intresset för scouting hänger samman med Kungens stora engagemang för ungdomar. Scoutverksamheten är ett sätt att ge unga människor meningsfull sysselsättning och locka bort dem från gator och torg.

Aktivt deltagande i kampen mot våldet ser Kungen som en nödvändighet. Detta engagemang sker i nära samarbete med regering och ansvariga myndigheter och organisationer. Ett exempel är den konferens som Kungen inbjöd till våren 1995, där antivåldsgrupper från olika delar av landet på Kungl. Slottet diskuterade konkreta åtgärder för framtiden.

Många Bernadotter har utövat ett konstnärligt intresse aktivt. Prins Eugen målade, Prins Gustav och Oskar I skrev musik, Oskar II var skald. Kung Carl Gustaf är en skicklig och road fotograf. Han har gärna kameran med sig ut i naturen där han får vara ensam om fotoobjekten. Kungens privata fotoarkiv rymmer stämningsfulla bilder från svenska Norrland till exotiska Galapagosöarna, Bhutan och Kenya.

Kungen har också ett stort intresse för kultur. Såväl inom bildkonst, som film, teater och musik är finsmakare ett ord som väl uttrycker Kungens inriktning.

Kung Carl Gustaf, tungt lastad, på vandring i den svenska fjällvärlden tillsammans med Drottning Silvia.

Men även mera traditionella skönhetsbegrepp ryms i repertoaren. Vården av de rika samlingarna på de Kungliga Slotten – Stockholms Slott, Drottningholm, Ulriksdal, Haga, Gripsholm, Tullgarn, Strömsholm, Rosersberg samt lustslottet Rosendal –, som ägs av staten men står till statschefens disposition, engagerar Kungen. Han tar aktiv del i besluten kring samlingarna, både när det gäller renovering av befintliga objekt och eventuella nyanskaffningar.

Teknik, vetenskap och forskning ägnar sig Kungen åt på många plan. Dels genom studiebesök och föreläsningar men också mera konkret. Kungen har drivit fram beslutet om installation av ett datanätverk för de Kungliga Slotten. Hans intresse för bilar, både gamla, som samlarobjekt, och nya, som transportmedel, är välkänt. Elektroniska "gadgets" av olika slag både samlar och använder Kungen gärna.

Kung Carl Gustaf är en gourmet. Han intresserar sig för mat och dryck, den svenska husmanskosten såväl som det franska, brasilianska och kinesiska köket. När Kungaparet bjuder på middag går Kungen alltid noggrant igenom menyn, som föreslagits av kökschefen eller hovtraktören, och kommer med många egna synpunkter. Kungen tycker om genuina råvaror i annorlunda kombinationer. Särskilt på Solliden, på somrarna, används mycket grönt, frukt och bär från den egna trädgården samt egenhändigt uppdragen fisk. Lätt mat och inte för mycket sötsaker.

Skidåkning tillhör Kung Carl Gustafs stora fritidsin-
tressen. I Storlien, där han ärvt en sportstuga efter sin
mor, Prinsessan Sibylla, finns det goda möjligheter till
åkning både utför och på längden. Ett par gånger per år
besöker Kungen Storlien alltsedan barndomen. Här
kan han, tillsammans med sin familj, njuta av avkopp-
lande och ostört friluftsliv, en viktig kontrast till det
hårt inrutade officiella programmet.

Jakt ger Kungen andra tillfällen till att vistas utomhus och njuta av naturen i glada vänners lag. Många svenska och utländska gäster kommer gärna när Kungen bjuder till representationsjakt, här i Bergslagen.

Till Halle- och Hunne-
berg i Västergötland bju-
der Kungen också regel-
bundet på jakt. Gäster-
na, bland vilka ofta före-
trädare för näringsliv,
förvaltning och kunga-
hus i andra länder åter-
finns, logeras på
Koberg hos Kungens
syster, Prinsessan Desi-
rée, och hennes make
Niclas Silfverschiöld.

Uppväxttiden i en av Sveriges förnämsta kulturmiljöer på Kungl. Slottet i Stockholm har satt sina naturliga spår hos Kungen. Han är mycket intresserad av konst, både mera traditionell men framför allt modern. Anders Zorn på Waldemarsudde och Andy Warhol i New York representerar väl de skilda smakriktningarna.

Träning i form av jogging ägnar sig Kungen gärna åt, bara programmet ger utrymme för det. På Solliden på sommaren finns det både tid och gott om lämplig terräng på Alvaret och på de egna markerna. Svårare har det varit att finna möjligheter under vinterhalvåret, som exempelvis inför de två Vasalopp Kungen har genomfört.

Somrarna på Solliden betyder
en månads ordentlig avkopp-
ling från de officiella plikterna.
Kungen tar då chansen att
aktivt ta del i parkens vård
och skötsel. Men han ger sig
också gärna ut till havs,
antingen ensam på en wind-
surfingbräda eller tillsammans
med familjen ombord på den
egna motoryachten. Att lägga
nät och sedan vittja dem till-
sammans med barnen hör
också till de dagliga syssel-
sättningarna. Fångsten avnjuts
med förkärlek till lunch eller
middag.

Kungens trognaste följeslagare är hans svarta labrador. Den första var en present från Drottningen. Den nuvarande är nummer tre i ordningen och heter "Dino".

Kung Carl Gustaf ägnar sig gärna åt matlagning. Han deltar aktivt i planeringen av sina middagar, både privata och officiella. Gärna tar Kungen och Drottningen också en omväg genom köket för att provsmaka anrättningarna.

Redan som barn var Kung
Carl Gustaf en hängiven
scout. Även i vuxen ålder
engagerar sig Kungen aktivt i
scoutrörelsen. Även om han
gärna sätter på sig scoutskjor-
tan när han besöker läger
runt om i Sverige eller utom-
lands ligger tyngdpunkten i
engagemanget på hedersord-
förandeskapet i World Scout
Foundation, den internatio-
nella organisation som ägnar
sig åt att försöka skaffa peng-
ar till scoutverksamhet runt
om i världen.

Bilar, både gamla och moderna, är ett av Kungens stora samlarintressen. I Hovstallet finns några dyrgri-par som tillhör Kungen personligen, medan de andra används för de transporter som Kungliga familjen och Hovstaterna har behov av.

Drottningholms Slott är den Kungliga familjens bostad och hem sedan 1982. Skötseln av parken, som till stora delar är öppen för besökare, är Slottsförvaltningens uppgift. Men Kungen tar personligen aktiv del i planeringen av de olika åtgärder som krävs för att underhålla och förnya parken.

Motorer av alla de slag
intresserar Kungen.
Under sin utbildnings-
period i flygvapnet
lärde han sig sitta vid
spakarna själv, här
under en inflygning
över Drottningholms
Slott, långt innan han
själv bosatte sig där
tillsammans med sin
familj. →

Kung Carl Gustaf fick aldrig möjlighet att lära känna sin far, Prins Gustaf Adolf, något som han upprepa-
de gånger konstaterat med djup saknad. Många karaktärsdrag och intressen delar han med sin far och
det var med ett stort personligt engagemang som Kungen arrangerade en utställning om honom i Pavil-
jongen på Solliden sommaren 1993. I denna utställning speglade sig den stora betydelse Prins Gustaf
Adolf spelar i Kung Carl Gustafs liv, trots att fadern aldrig fick möjlighet att följa sin sons uppväxt.

FAMILJEN

Kung Carl Gustaf växte upp i kretsen av sin mor, Prinsessan Sibylla, och sina fyra systrar, Prinsessorna Margaretha, Birgitta, Desirée och Christina samt barnsköterskan Ingrid "Nenne" Björneberg. De bodde på Haga Slott de första åren innan familjen flyttade in till Kungl. Slottet i Stockholm.

Som hjälp i uppfostran av dåvarande Kronprinsen fanns naturligtvis farfar Kung Gustaf VI Adolf samt farbror "Nappe", Prins Bertil. Så småningom samlade Prinsessan Sibylla också omkring sig en liten grupp förtrogna, ett "råd" som skulle finnas till hands som stöd på olika sätt när det gällde tronföljarens utbildning.

Kungen har själv, i vuxen ålder, berättat hur mycket han saknade sin far. Han saknade också att få tala om sin far. Det ansågs i familjen att man inte skulle göra det för att inte störa Prinsessan Sibylla i hennes sorg.

Det Kungen har saknat i fråga om en fadersgestalt ger han nu sina egna barn desto mera av. Han är "sträng men rättvis" och leder tillsammans med Drottningen med fast men intresserad och stolt hand de tre barnen in i vuxenlivet och allt det extra som krävs av dem.

Kungen är också generös mot den vidare familjekretsen, mot sina syskon och deras familjer samt Drottningens släkt. Många av Kungens barndoms- och skolkamrater är än idag nära vänner. Det finns alltid en dörr öppen eller en plats ledig vid middagsbordet.

I gengäld kräver Kungen lojalitet. Ständigt i offentlighetens rampljus och ständigt påpassad behöver han små hål i tillvaron då han får njuta privatlivets frihet och otvungna umgängesformer. Kungen tycker om att testa idéer, diskutera ekonomi och politik, planera utvecklandet av trädgård och jordbruk på Solliden – utan att det står om det i pressen nästa dag.

Dynastin Bernadotte har många och långa rötter på den europeiska kontinenten. Det svenska Kungahuset räknar släktskap med alla de övriga kungahusen i Europa, men framför allt med de nordiska. Med de norska och danska kungafamiljerna finns ett nära umgänge. I samband med jämna födelsedagar, bröllop, dop, och andra familjehögtider deltar man alltid i varandras festligheter. Med omsorg leder man också in den yngre generationen i släktgemenskapen. Europas framtida monarker känner redan varandra ganska väl.

Familjen och släkten betyder mycket för Kung Carl Gustaf. Det är viktigt för framtidens Sverige att föräldrar bryr sig om sina barn, har Kungen sagt i flera sammanhang. Han lever som han lär, väl medveten om det försprång han har i de välordnade förhållanden som hans egen familj och situation erbjuder.

Kung Carl Gustaf tillsam-
mans med sin familj i sam-
band med Kronprinsessan
Victorias myndighetsdag
den 14 juli 1995.

På Solliden finns många möjligheter till förströelse. Området är stort och man tar sig med fördel fram med cykel eller motorcykel på de smala vägarna inom området. Sträckan från Slottet till stranden är exempelvis bara den en dryg kilometer.

Kung Carl Gustaf och Drottning Silvia med labradoren "Charlie" framför Sollidens Slott sommaren 1980.

Sollidens park är som vackrast en ljus för-
sommarkväll. Då har alla besökare lämnat
och den Kungliga familjen har området för
sig själv. Kungen och Drottningen på kvälls-
promenad efter middagen i den s.k. "italien-
ska trädgården".

Att samla familj, släkt och vänner omkring sig i samband med jämna fördelsedagar gör kungligheter minst lika gärna som andra. När Kung Carl Gustaf fyllde 40 år, våren 1986, bjöds till middag i Rikssalen på Drottningholms Slott, följd av dans och underhållning. Kungen är här närmast omgiven av sin egen familj samt gudfar, Kung Olav av Norge, och gudmor, Drottning Juliane av Nederländerna.

Den unga generationen i Europas kungahus börjar nå vuxen ålder. Bröllop firades under 1995 både i Spanien och i Danmark. Kung Carl Gustaf och Drottning Silvia var självklart på plats, tillsammans med Kronprinsessan Victoria, när den danske Prins Joakim gifte sig med Alexandra Manley i Köpenhamn.

Kungen har alltsedan Kronprin-
sessan Victorias födelse varit en
stolt far. Samtidigt som Kunga-
paret varit måna om att skydda
sina barn från överdriven publi-
citet har Kungen vid givna till-
fällen, som i samband med sin
födelsedag den 30 april, gärna
framträtt tillsammans med
familjen inför pressfotografer
och en intresserad allmänhet.

Pressfotograferna inbjuds fyra gång-
er per år för att träffa familjen. För-
utom vid Kungens födelsedag kan de
fotografera i samband med påskferi-
erna i Storlien, sommarlovet på Sol-
liden och inför julfirandet.

Kung Carl Gustaf på promenad i
Drottningholmsparken med Kron-
prinsessan Victoria och Prins Carl
Philip på armen våren 1980. →

Kung Carl Gustaf med hela familjen
redo för skidåkning i Storlien. Från
sportstugan är det nära till både backar
och längdspår.

Konfirmation är en familjehögtid som är viktig för den Kungliga familjen. Prins Carl Philip konfirmerades i Vadstena sommaren 1994 i närvaro av bl.a. hela familjen samt gudmödrarna Drottning Margrethe av Danmark och faster, Prinsessan Birgitta.

Kung Carl Gustafs sinne för humor och practical jokes tar
sig många uttryck. Familjen och barnen är de som ligger
närmast till hands som "offer". Här skämtar Kungen med
sina barn inför den långa hälsningsceremonin den 6 juni,
då ca 400 gäster inbjuds till buffé på Kungl. Slottet efter
Nationaldagsfesten på Skansen.

Kung Carl Gustaf och Drottning Silvia i Bernadottebiblioteket, december 1995.

HOVSTATERNA

MED DEN NYA regeringsformen fick monarken en ny roll. Detta krävde i sin tur en ny organisation kring statschefen.

Kung Carl Gustaf har steg för steg utvecklat Hovstaterna, den organisation han har till sitt förfogande som statsöverhuvud, till att idag motsvara en modern koncernstab. Med en hårt beskuren ekonomi har Kungen också sett till att antalet medarbetare hålls nere på ett minimum. Med hjälp av datorisering hoppas Kungen uppnå rationaliseringsvinster, som gör det möjligt för denna, i internationell jämförelse, lilla skara medarbetare att utföra det ständigt ökande antalet arbetsuppgifter utan att behöva ge avkall på kvalitetskraven.

Ceremoniel och traditioner har sin plats i statschefens verksamhet. Detta kräver medarbetare med specialkunskaper. Många av dessa har "till vardags" helt andra yrken och kallas in vid de fåtal tillfällen, i samband med högtidliga audienser, statsbesök, familjehögtider etc, de behövs.

Kungen är angelägen om att även hans hov följer mottot "För Sverige – i tiden". De närmaste medarbetarna har därför valts ur olika yrkeskategorier. Tillsammans har de en samlad erfarenhet från olika samhällssektorer, kunskaper som Kungen och Drottningen gärna utnyttjar när de ber om råd i planeringen av den egna verksamheten.

Det svenska hovet ses i många andra länder som en förebild för hur ett hov i dagens Europa bör fungera. I offentlighetens kritiska ljus och med en hårt kontrollerad ekonomi har Kung Carl Gustaf format ett hov, som möter hans egna behov som Sveriges statschef.

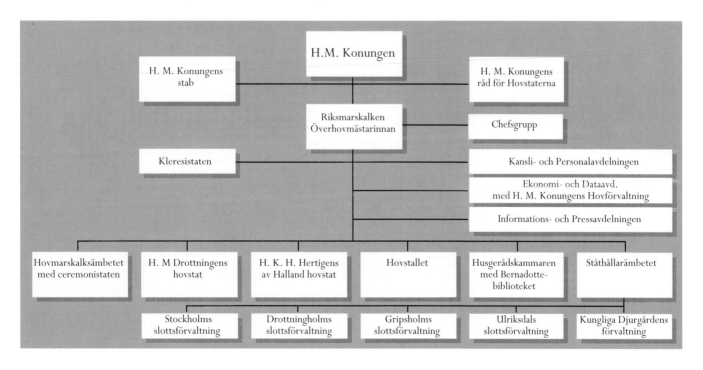